27
Ln 18836.

BIOGRAPHIE

ou

NOTICE HISTORIQUE

DE

M. L'ABBÉ SERGEANT,

Curé de Saint-Pierre, à Boulogne-sur-Mer.

BIOGRAPHIE

ou

NOTICE HISTORIQUE

DE

M. L'ABBÉ SERGEANT,

CURÉ DE SAINT-PIERRE, A BOULOGNE-SUR-MER,

PAR L'ABBÉ BLAQUART,

CURÉ DE WIERRE,

Membre de la Commission Ecclésiastique
des Églises et des Presbytères.

ARRAS,

E. LEFRANC, IMPRIMEUR-LIBRAIRE,

RUE SAINT-MAURICE, 26.

—

1855.

BIOGRAPHIE

OU

NOTICE HISTORIQUE

DE M. L'ABBÉ SERGEANT,

CURÉ DE SAINT-PIERRE, A BOULOGNE-SUR-MER.

Mementote præpositorum vestrorum, qui vobis loculi sunt verbum Dei; quorum intuentes exitum conversationis, imitamini fidem.

Souvenez-vous de vos conducteurs, qui vous ont prêché la parole de Dieu; et, considérant quelle a été la fin de leur vie, imitez leur foi.

(AD HEBRÆOS, XIII, 7.)

C'est pour suivre ce conseil du grand apôtre, inspiré par la plus juste reconnaissance, et pour perpétuer parmi nous le souvenir de ses vertus et de ses exemples, que nous allons retracer la vie de Monsieur l'abbé Sergeant, bien-aimé et bien regretté pasteur de la paroisse de Saint-Pierre-des-Marins, à Boulogne-sur-Mer.

Jean-Jacques Sergeant naquit à Marck, canton de Calais, le 8 mai 1797, du mariage de Jacques et de Marie-Geneviève Leconte.

Dès les premières années de sa vie, ses parents allèrent s'établir à Hervelinghen, canton de Marquise, dans une propriété qu'ils firent valoir avec intelligence et courage, pour élever leur nombreuse famille, composée de huit enfants, dont Jean-Jacques était l'aîné. Son père fut longtemps maire de cette commune; comme il le fut plus tard de Marck, quand il retourna dans son pays natal, pour y prendre une plus grande exploitation, dans l'intérêt de ses enfants.

Le jeune Sergeant fréquenta de

bonne heure l'école d'Hervelinghen, et au milieu des jeux et des distractions de son âge, il annonçait une de ces âmes d'élite pour qui le bien est facile, une de ces intelligences rares qui se jouent de l'étude et du travail. Son vénérable curé, M. Remy, ayant remarqué de si belles qualités, offrit à Dieu dans son cœur cette plante précieuse, et conçut le projet de l'élever à l'ombre du sanctuaire. Il lui fit d'abord faire sa première communion; et, afin de ne le distraire en rien de ce grand acte, le plus important de la vie, ce ne fut qu'après l'accomplissement de ce devoir, qu'il lui proposa d'étudier le latin pour embrasser plus tard l'état ecclésiastique, si Dieu en développait en lui la sainte vocation.

L'enfant accepta d'autant plus volontiers cette proposition, qu'on lui donna un compagnon d'étude qui fut son émule, et qui sut le dédommager d'une trop sérieuse application par sa gaieté naturelle et ses innocents badinages. Dans la suite il parlait toujours de cette époque, des jeux et des espiègleries de son enfance, avec une naïveté, une fidélité de détails et de circonstances qui charmaient tous ceux qui l'entendaient.

Le jeune Sergeant eut bientôt dévoré les premières difficultés de la langue latine ; pour ne pas ralentir ses succès il fallut proposer à ses parents de le placer au petit séminaire d'Audinghen, dans leur voisinage ; c'était leur imposer un double sacrifice, la dépense d'une pension et la privation d'un fils aîné, toujours si utile pour partager les travaux du père et prendre, en second, la direction d'une nombreuse famille. Ses parents n'hésitèrent pas ; ils étaient trop chrétiens pour s'opposer à la volonté de Dieu et à la vocation d'un enfant qui, du reste, leur apporta plus tard tant d'honneur et de consolation.

L'intéressant élève d'Audinghen fit ses classes avec succès ; car il était doué d'une heureuse mémoire, d'un excellent jugement et d'une brillante imagination. Après deux ans de séjour au pensionnat d'Audinghen, il suivit l'établissement, qui fut transporté à Boulogne, où il fut facile de donner plus d'étendue et de développement aux études. Ce changement fut favorable à cet autre Samuel : les cours étant plus nombreux, l'émulation fut aussi plus grande. Dans toutes ses classes, il fut un élève remarquable, couronné à chaque distribution de prix; il possédait par cœur tout son Virgile, et faisait des vers latins avec une abondance et une facilité vraiment prodigieuses.

Après avoir terminé sa philosophie avec distinction, il fut demandé par M. l'abbé Haffreingue, successeur de M. Compiègne, dans le pensionnat ecclésiastique, pour être professeur de seconde ; il accepta d'autant plus volontiers cette place, qui convenait si bien à son talent, qu'il était trop jeune de deux ans pour entrer utilement au grand séminaire d'Arras. Ses différents élèves rendent hommage à son assiduité en classe, à la lucidité de ses leçons, au talent qu'il développait et à la bonté paternelle qui l'accompagnait toujours.

L'emploi de professeur rend un grand service aux jeunes gens qui en sont dignes. Il les façonne de bonne heure à la dignité, à l'enseignement, à la surveillance qu'ils doivent exercer plus tard sur les paroisses qui leur seront confiées. Le collége est un petit monde qui exige de ses maîtres de la prudence, de la réserve, du zèle, du dévouement ; rien de tout cela n'est étranger au sacerdoce. Aussi Monseiseigneur de la Tour d'Auvergne écrivait-il à M. Haffreingue, quelque temps après l'arrivée de M. Sergeant et de ses compagnons : « Ce ne sont pas des « élèves que vous nous avez envoyés « au séminaire, mais des ecclésiasti- « ques tout formés. »

M. Sergeant avait reçu deux ans auparavant la tonsure cléricale, le 26 octobre 1815, dans l'église paroissiale de Saint-Joseph, à Boulogne. Cette cérémonie si belle fit une impression profonde sur son esprit et sur son cœur. Il en parlait toujours avec émotion; il lui paraissait qu'alors il était sorti de l'ignominie du siècle, qu'il avait foulé aux pieds la livrée du monde pour se revêtir de la robe sacerdotale, et devenir un homme nouveau suscité de Dieu pour la justice et la sainte vérité. *Induite novum hominem qui secundùm Deum creatus est in justitia et sanctitati veritatis.* (Ad Ephes., c. 4, v. 24.)

Outre son goût pour le ministère paroissial, des raisons de santé le déterminèrent aussi à quitter l'enseignement. Pendant ses deux années de

professorat, il s'était beaucoup appli-
qué pour l'instruction de ses élèves,
et pour son instruction particulière ;
il étudiait même la nuit l'histoire an-
cienne et l'histoire moderne. Cette dé-
bauche d'étude, comme disait un an-
cien, l'avait épuisé. Il sentait le besoin
de n'être plus à lui-même, mais à une
règle qui lui ménageât des moments
de repos. Il retrouva la santé dans ce
calme du séminaire qu'aucune sollici-
tude étrangère ne vient troubler. Il
renonça à toute autre étude qu'à celle
de la théologie, et encore ne s'y appli-
qua-t-il que prudemment et modéré-
ment, persuadé que la science sert
peu sans la santé, et goûtant beaucoup ce conseil du grand apôtre, de
ne pas s'élever au delà de ce qu'on
doit, même dans l'étude de la sagesse,

mais de se tenir dans les bornes de la modération, selon la mesure que Dieu a départie à chacun de nous. *Non plus sapere quam oportet sapere, sed sapere ad sobrietatem.* (Ad Romanos, c. 12, v. 3.)

M. Sergeant n'en fut pas moins un excellent élève en théologie, justement apprécié de ses directeurs et de ses maîtres, estimé et aimé de tous ses confrères, comme il l'avait été de tous ses condisciples pendant ses classes d'humanité. Il était si simple dans ses manières, si ingénu dans ses observations, si naturel dans l'intérêt qu'il prenait aux autres, qu'il avait le droit et le talent de tout dire, sans choquer même le plus irritable ou le plus susceptible. Quelle tendre et solide amitié il portait à ses anciens compagnons d'étude, aux exilés volontaires, comme lui, du pays natal! comme ses avis étaient goûtés! comme sa conversation était recherchée pendant les récréations!

Après trois années de séjour au grand séminaire, n'ayant jamais reçu le plus petit reproche de ses supérieurs, il mérita d'être appelé à la prêtrise et de recevoir le sacerdoce, le 29 juillet 1821, à Arras. Comme on comptait sur lui plus que sur tout autre à cause de son esprit de soumission et de dévouement, on le nomma à la cure nouvelle de Noyelle-Vion, canton d'Avesnes-le-Comte, à quatre lieues au delà d'Arras. Quelle épreuve pour son cœur de fils, tendrement affectionné à son bon père, à son excellente mère, qu'il laissait aux extrémités du diocèse, à une distance de plus de trente lieues! Il eut souvent besoin de se rappeler cette parole consolante de l'Évangile : Quiconque abandonnera sa maison, ses frères et sœurs, son père et sa mère, ses champs à cause de mon nom, recevra le centuple dès ce monde et la vie éternelle en l'autre. *Omnis qui reliquerit domum, vel fratres aut sorores, aut patrem aut matrem, aut uxorem aut agros, propter nomen meum, centuplum accipiet et vitam æternam possidebit.* (Matt., c. 19, v. 29.)

En effet, pendant cet exil si méritoire, Dieu bénit singulièrement sa famille par une prospérité remarquable, et lui-même surabondait de joie au milieu de ses privations et de ses succès ; car s'il trouvait une paroisse sans presbytère, et à peu près sans église, négligée depuis un quart de siècle, abandonnée à un pauvre prêtre assermenté, c'est tout dire ; il conquit de suite, en arrivant, l'estime et l'attachement de tous, et même des protestants, car il y en avait dans cette paroisse. On écoutait ses instructions avec avidité, on se rendait à ses avis, on lui disposait un presbytère, on préparait les ressources pour rebâtir la basse église, démolie pendant la révolution.

Il y avait à peine quelques mois qu'il travaillait au renouvellement de cette paroisse, lorsqu'on lui offrit le poste de Wierre-Effroy, doyenné de Marquise, qui le rapprochait singulièrement de ses affections de famille et de pays ; il répondit qu'il réservait dans son cœur cette place à un intime ami, qu'il se plaisait à appeler la moitié de lui-même ; et que surtout il ne pouvait pas abandonner une œuvre si importante et si bien commencée que le rétablissement de la religion dans une paroisse devenue la sienne. Cependant, après trois ans de travaux assidus et de saintes fatigues, ayant bien tout réglé, tout mis sur un bon pied, il crut pouvoir abandonner à un autre la conduite de ce troupeau bien affectionné, et il accepta la cure de Bayenghem et Affringues, doyenné de Lumbres. Là, il se trouvait plus près de ses parents et de ses amis, mais il avait aussi de grands efforts à faire pour établir le règne de Jésus-Christ sur des âmes encore bien négligées. Pour les instruire il se multipliait tous les dimanches ; il faisait grand office le matin et le soir dans les deux églises. Les fidèles étaient émerveillés de tant de zèle et répondaient à son empressement. Il leur parlait le simple langage de la foi et du cœur, et ils le trouvaient éloquent. Dans la semaine il s'occupait de l'embellissement des deux églises, il visitait une école qu'il avait fait bâtir, soignait les enfants par des catéchismes fréquents. Il fut assez heureux pour faire éclore quelques précieuses vocations à l'état ecclésiastique ; il leur donnait assiduement des leçons de latin, et rendit ainsi au clergé ce qu'il en avait reçu lui-même. Qu'il nous suffise de nommer M. l'abbé Clabaut, professeur de philosophie au pensionnat de M. Haffreingue, et deux messieurs Bresselle, dont le plus jeune est aujourd'hui son successeur. Il avait la main heureuse, ou plutôt le tact fin, car il n'eut jamais à se repentir de ses choix. Voilà comment il occupait ses loisirs dans un humble village, voilà comment il mûrissait pour de plus grands emplois, qu'il n'ambitionna jamais. Il goûtait alors toute la paix et tout le bonheur que donne une modeste existence, conforme à la volonté de Dieu.

La première fois que son père vint le voir à Bayenghem, dans la joie qu'il éprouvait de le voir ainsi rapproché, il lui apporta trois cents francs qu'il lui remit en disant : Je vois chez tous vos confrères de l'argenterie sur la table, je veux que vous en ayez aussi quelque peu, voilà pour commencer. Le pauvre curé remercia son père avec effusion, mais quand il fut parti il songea à faire un tout autre usage de son argent. Il avait une tribune à établir dans son église, trop petite pour la foule qui venait l'y entendre ; les pauvres lui demandaient du pain : tout fut employé en bonnes œuvres. Quand, l'année suivante, le bon père revint visiter son fils, il s'attendait à voir briller sur la table le précieux métal qu'il avait payé, mais le fils s'excusa sur l'urgente nécessité dans laquelle il s'était trouvé. Le père lui répondit, admirant en secret la générosité de son fils : Il faudra donc que je vous achète moi-même de l'argenterie, que je vous l'envoie avec défense de vous en défaire ; et il exécuta sa promesse.

A la distance des conditions près, ce trait rappelle et vaut ceux de saint Charles Borromée vendant sa vaiselle d'argent, et saint François de Salles mettant en gage son anneau pastoral le plus précieux, enrichi de pierreries, disant : Que ces pierres deviennent du pain pour les pauvres. *Dic ut lapides isti panes fiant*. (Matth., c. 4, v. 3.)

Cependant les amis de M. Sergeant à Boulogne ne l'oubliaient pas à Bayenghem ; ils convoitaient singulièrement cette lampe ardente et luisante, propre à éclairer un plus grand sanctuaire. Comme saint Jean son patron, il édifiait par l'éclat de son zèle et de ses vertus. *Ille erat lucerna ardens et lucens*. (Joan., c. 5, v. 35.) Mais l'évêque ne paraissait pas disposé à le nommer même comme simple vicaire dans l'une ou l'autre paroisse de la ville. L'abbé Charles, aumônier de l'hospice de Boulogne, vint à mourir de vieillesse ; les administrateurs se laissèrent inspirer la bonne pensée de le demander à Monseigneur, qui l'accorda. Ce poste alors

n'était ni brillant, ni avantageux;
M. Sergeant l'accepta dans l'intention
d'y faire encore plus de bien.

Ce fut une désolation universelle
quand la nouvelle en parvint dans son
village, son brave maire s'écriait avec
un gros bon sens : Je l'avais toujours
dit, que notre curé avait trop de mérite
pour nous rester longtemps. Un administrateur de l'hospice et la supérieure
des religieuses vinrent de Boulogne
pour l'enlever la nuit, afin de le sous-
traire aux regrets et aux larmes d'une
population dont il avait gagné tous
les cœurs pendant trois ans de ministère. Il quitta cette paroisse désolée
le 27 août 1827.

Monseigneur lui-même, en passant
un an après à Bayenghem, pendant
qu'on lui changeait ses chevaux à la

poste, recucillit les plus beaux témoignages de son zèle et de la reconnaissance qu'on lui portait. Il lui dit dans sa visite à Boulogne : Vous avez laissé à Bayenghem des souvenirs impérissables, on m'a dit qu'on vous y regretterait toujours, mais je vous ai placé ici sur un théâtre plus digne de votre zèle.

En effet, pour quiconque connaît un peu l'hospice de Boulogne, comme de toute autre ville, on sait que c'est l'asile et la retraite de toutes les misères de l'humaine nature. Les enfants qu'on y apporte y ont pour la plupart un double péché originel. Saint Vincent de Paul, *qui croyait aux bonnes races*, ne les méprisait pas pour cela. Il les jugeait dignes de toute sa tendresse et de tous ses soins. Les autres malheureux de l'hospice, à quelques exceptions près, ont provoqué leur misère par leur inconduite; il y a là, parmi des vertus bien éprouvées sans doute, des rebuts de familles, des bannis de la société : ils n'en sont que plus à plaindre. La religion leur ouvre ce refuge pour s'y réconcilier avec Dieu et avec les hommes. Les malades qu'on y transporte sont souvent dans un état désespéré; après une vie d'ignorance et de péché, il faut les préparer à la minute au terrible passage du temps à l'éternité. Les bonnes religieuses, ces anges de la terre, offrent sans doute un contraste consolant au milieu de tant de vices et de douleurs, mais leur présence, qui embellit ce lieu de souffrances, n'en bannit pas tous les dégoûts et toutes les difficultés.

M. Sergeant, en acceptant ce poste, en connaissait tous les embarras et toute la responsabilité. Rien d'humain ne l'attirait dans cette espèce de galère, comme l'appelait un de ses prédécesseurs ; il n'était inspiré que par le désir de la gloire de Dieu et du salut des âmes. Il se mit donc à l'œuvre avec courage et confiance, et y recueillit bien des consolations. Il procura beaucoup d'améliorations morales à cet établissement. Quel zèle à instruire les enfants et les vieillards croupissant dans la même ignorance ! Il ne se lassait point de répéter à ces esprits bornés ou abrutis, les vérités fondamentales du christianisme. La plupart répondirent à ses soins selon leurs capacités. Il eut même la satisfaction de placer des jeunes gens dans l'état religieux. Un certain nombre de filles entrèrent dans différents couvents, où elles édifient et se livrent à toutes les bonnes œuvres de leur institut. C'était à lui à pourvoir au trousseau, aux frais de voyages et de noviciat. Il s'attachait ces pauvres enfants, privés de toutes les douceurs maternelles, par ses bienfaits, ses récompenses continuelles. On le voyait certains dimanches de l'été, après l'office, sortir de la ville avec tous les garçons de l'établissement, les conduisant prendre du lait dans la campagne voisine, respirer un air de liberté, prendre leurs ébats, et s'en retourner bien gais après leur frugal repas. A sa fête, à la nouvelle année il faisait faire des gâteaux et redoublait ses générosités aux enfants comme aux vieillards. Ces dépenses étaient peu de chose pour chaque individu qui en était l'objet, mais elles étaient considérables à cause du grand nombre ; et on peut dire à son éloge qu'il a dispersé ce qu'il avait en le donnant aux pauvres. *Dispersit dedit pauperibus.* (Psal. 3, v. 4.) Il s'est ruiné à la lettre en vendant son patrimoine et même son titre clérical, avec la permission de l'Évêque.

La chapelle de l'hospice attira aussi constamment ses soins. Il disait comme le prophète-roi : Seigneur, j'ai aimé la beauté de votre maison, et le lieu où votre gloire daigne habiter sur la terre. *Domine dilexi decorem domûs tuæ, et locum habitationis gloriæ tuæ.* (Psal. 25, v. 8.) Il apprit à dorer à l'hôpital, d'un vieillard infirme, autrefois excellent doreur ; il surpassa son maître et enrichit les trois autels d'ornements précieux placés avec goût. Il employait son talent pour les pauvres églises qui réclamaient de sa main quelques dorures ; il passait à cela ses heures de récréation. Il avait aussi un petit jardin près de celui de l'hospice, où il cultivait avec goût les tulipes et les dahlias, mais ses occupations, ses relations augmentant considérablement, il fut obligé de renoncer même à cet innocent plaisir, à cette distraction presque nécessaire.

Le soin de trois ou quatre cents personnes continuellement renouvelées à l'hospice ne suffisait pas à sa charité, il acceptait la direction de tous ceux qui éprouvaient quelques embarras de s'adresser à d'autres, et qui mettaient en lui toute leur confiance. Pauvres ou riches de la ville, tous avaient le même accès. Il retint ainsi dans le devoir bien des chrétiens faibles que le respect humain empêchait d'abord de fréquenter une église publique, et qui par la suite édifièrent leur paroisse.

Il était l'ami, le guide et le conseiller de presque tous les prêtres de Boulogne et des environs. Il était le confesseur ordinaire des frères des écoles chrétiennes, et le confesseur extraordinaire de toutes les communautés de femmes. Il donnait des retraites à toutes les maisons religieuses, aux colléges, aux pensionnats. Il prêchait des missions dans les villages où on le demandait, des premières communions, comme à Wierre, à Colembert, à Henneveux, à Camiers. Il

fit des stations de carême dans les
villes, comme à Hesdin, Montreuil et
à Boulogne dans les deux paroisses.
Monseigneur l'appela même à **Arras**
pour prêcher le panégyrique de saint
Charles, dans sa cathédrale : il y fut
goûté et applaudi. Monseigneur voulut
lui témoigner son estime et récom-
penser ses nombreux et éminents services, en le nommant chanoine hono-
raire d'Arras, le 24 avril 1842. Plus
tard il lui offrit le poste important de
doyen de Samer. Mais M. Sergeant se
rendit à Arras aux pieds de Sa Grandeur, pour la supplier de faire une
autre nomination. Il sentait que sa
présence était utile et même nécessaire à Boulogne pour l'œuvre des
marins, qu'il avait tant à cœur. Monsei-

gneur accepta ses raisons et ne l'en estima que davantage.

Pour parler de cette œuvre importante, il nous faut remonter à l'époque du choléra, en mai 1832. Toute la ville de Boulogne était décimée par le fléau, on portait les plus pauvres, et surtout les marins, pour les faire traiter à l'hospice; la salle immense dite de la *Pitié* en était remplie. M. Sergeant passait ses jours et ses nuits au milieu des cholériques. Tous recevaient les secours de la religion; les trois quarts mouraient et étaient à l'instant remplacés par d'autres. Il en conduisit jusqu'à quinze en un jour au cimetière. Il eut alors l'occasion de déployer tout son zèle et son dévouement. Il se mit en rapport avec cette classe si intéressante des marins, il connut toutes leurs misères corporelles et spirituelles. Il les soulagea sous tous les points et conçut dès lors le projet de leur faire bâtir dans leur quartier une église paroissiale et de leur faire obtenir un clergé spécial, en contact continuel avec eux, se prêtant à leurs besoins, à leur intelligence et à leurs occupations de saison. Il fallait du temps pour mûrir ce projet, amasser des ressources et disposer l'administration à favoriser cette entreprise.

L'abbé Lamontagne lui légua par son testament, en 1838, une somme de vingt mille francs. Ce fut le fondement de cette excellente œuvre ; une large souscription, une importante loterie lui vinrent en aide. La ville de

Boulogne, toujours si bienfaisante, se montra généreuse. M. Sergeant, jouissant de la plus juste considération, réunit cent vingt mille francs, avec lesquels il bâtit la basse église que nous voyons aujourd'hui, dans le style si convenable du treizième siècle. M. de Bayder, comme architecte, et M. Crouy, comme entrepreneur, ont naturellement attaché leur nom à ce beau monument, mais M. Sergeant seul en est le fondateur.

Malgré les embarras multipliés d'une entreprise gigantesque pour un particulier, rien ne souffrait à l'hospice de ces préoccupations, et M. Sergeant suffisait à tout. Il rendit même d'importants services à d'autres populations dans les environs de Boulogne. Le dimanche, après sa première grand'-

messe, commencée à sept heures, il partait de l'hospice à neuf heures pour aller dire une seconde messe et prêcher dans une église abandonnée, comme Saint-Léonard, ou dans une église nouvelle, comme à Ostroove et à la Capelle, et cela pendant deux ans pour chaque église, jusqu'à ce qu'elle obtînt un curé à elle-même. Il revenait toujours dîner à l'hospice, pour y faire l'instruction et l'office des vêpres. Par des générosités qu'il sollicitait, il monta ces églises de toutes les choses nécessaires au culte, et il répandit l'instruction religieuse dans ces populations négligées; il sema ainsi des consolations pour ses successeurs, et fit goûter et sentir le besoin d'un prêtre dans ces localités.

Il avait établi dans une grande cave

de l'hôpital un atelier de menuiserie et de sculpture gothique pour les pauvres églises. Deux ou trois ouvriers y travaillaient toute l'année sous sa direction et sa surveillance; il faisait les plans, traçait les desseins d'autels, de chaires de vérité, de confessionnaux, de fonts baptismaux, et surtout de tabernacles, qu'il décorait et dorait lui-même. Les églises de Marck, de Saint-Léonard, de Bellebrune, de Crémarest, de Parenty, de Pernes et de Wierre-Effroy, se glorifient de ces chefs-d'œuvre d'art, de bon goût, de patience et d'économie; l'église de Saint-Pierre à Boulogne a naturellement, comme sa fille, la plus belle part de ses travaux.

Quand il y avait quelque réparation ou quelque embellissement à faire à une église, on aimait à avoir son avis, et il se transportait quelquefois bien loin, soit à pied soit en voiture, pour rendre ce service à des ecclésiastiques bien embarrassés. Il fit même plusieurs voyages à Abbeville, à Amiens, à Paris, pour étudier les modèles de l'art, se procurer des dessins, et se former à cette science de l'archéologie sacrée, pour laquelle il avait tant de goût.

La basse église de Saint-Pierre n'était pas encore couverte, qu'il avait déjà mis à contribution les dames pieuses de la ville et les communautés religieuses, pour procurer le linge et les ornements sacerdotaux convenables. Il acheta lui-même à Paris les chandeliers et les vases sacrés. Aussitôt qu'on put exercer le culte d'une manière tant soit peu décente, M. Lecomte, doyen de Saint-Nicolas, s'empressa d'y envoyer des missionnaires pour évangéliser cette portion de son troupeau, dont il connaissait la misère spirituelle. On y fit plusieurs stations avec quelque succès ; mais Monseigneur Parisis, nouvellement promu à l'évêché d'Arras, vivement sollicité par les marins eux-mêmes, qui lui avaient adressé une pétition même avant sa première visite à Boulogne, jugea, dans son zèle si éclairé, qu'il fallait se rendre à leur désir, former une paroisse de cette population à part, et lui donner un clergé spécial, entièrement dévoué à cette classe. Monseigneur prit, avant de venir à Boulogne, des renseignements auprès des vicaires capitulaires, qui connaissaient mieux que lui le personnel du clergé : tous furent d'accord pour indiquer à Sa Grandeur M. l'abbé Sergeant, comme l'homme le plus convenable à ce poste nouveau et difficile. Il en eut avis et fut effrayé de la responsabilité qui allait peser sur lui. Il voyait avec raison dans cette place bien plutôt un fardeau qu'un honneur. Il aurait voulu trouver un remplaçant, et, s'adressant à un ecclésiastique qu'il estimait, il lui disait en rappelant ce mot historique : *Si tu avances, je recule ; si tu recules, j'avance.* Mais la proposition n'était pas acceptable. M. Sergeant connaissait mieux que personne les besoins spirituels et matériels de cette population, avec laquelle il était en rapport depuis plus de vingt ans. Il y était connu, apprécié, aimé, désiré. Cette nomination n'était que la continuation, l'accomplissement de l'œuvre qu'il avait entreprise : les pierres de l'église le réclamaient en quelque sorte. *Lapis de pariete clamabit*. (Habac., c. 2, v. 11.)

Dès la première soirée que Monseigneur Parisis fut arrivé à Boulogne, il demanda à connaître M. Sergeant, il s'entretint longtemps avec lui après le dîner, triompha de ses résistances, le força d'accepter et remit son installation au lendemain, 10 janvier 1852. Il était visible que c'était pour Monseigneur une affaire majeure, une affaire importante. On ne saurait mieux faire pour donner une juste idée de cet événement, que de transcrire le passage si bien pensé, si bien écrit d'une charmante petite brochure intitulée : *Première visite de Monseigneur Parisis, évêque d'Arras, à Boulogne :* « Samedi,

« vers quatre heures après-midi, on
« vit la voiture de Monseigneur se di-
« riger vers le quartier des marins ; elle
« s'arrêta vers le pied de la montagne,
« et Sa Grandeur voulut gravir à pied
« la route du Calvaire, tenant à la main
« le bouquet de fleurs qui lui avait été
« offert, bénissant les enfants qui ve-
« naient se jeter devant ses pas, saluant,
« souriant, parlant à ce peuple, heureux,
« on ne saurait dire à quel point, de
« voir d'aussi près son Évêque, attendu
« depuis si longtemps. La rue du Cal-
« vaire était soigneusement balayée et
« couverte de sable, des guirlandes
« la traversaient, allant de maison en
« maison, presqu'à chaque pas ; toute
« la population, hommes, femmes et en-
« fants, était dehors : c'était au plus
« haut degré une fête populaire. Mais

« comment rendre le spectacle si nou-
« veau et si inattendu qui nous était
« réservé dans l'église même? On savait
« un peu ce que Monseigneur venait y
« faire, on se répétait certains mots à
« l'oreille ; cependant rien n'était tout
« à fait sûr, et certainement on ne
« pouvait deviner la manière dont s'o-
« pèrerait ce dénouement si longtemps
« soupçonné.

« M. l'abbé Sergeant avait offert à
« Monseigneur l'eau bénite et l'encens
« sous le porche de l'église ; Monsei-
« gneur avait revêtu ses insignes pon-
« tificaux au milieu de la rue, dans la
« foule du peuple qui se pressait au-
« tour de lui ; on allait entonner l'an-
« tienne de l'entrée, lorsque le peuple,
« qui déjà ne pouvait retenir sa joie,
« se mit à entonner lui-même un autre

« chant de joie : Vive Monseigneur !
« vive Monseigneur ! s'écria-t-il avec
« élan, et c'est par cette salutation
« que le digne prélat fut accueilli, pour
« son entrée, sous le porche de l'é-
« glise.

    « Cependant les prières du cérémo-
« nial de la réception étaient termi-
« nées, Monseigneur monta alors dans
« la petite chaire de Saint-Pierre, suivi
« de ses deux grands vicaires, MM. Pa-
« renty et des Billiers, dont l'un por-
« tait à la main un papier roulé ; puis,
« d'une voix éclatante, et à la fois
« douce et harmonieuse, il dit : *Annun-*
« *tio vobis gaudium magnum.* Voici que
« je viens vous annoncer une grande
« joie. Oh ! alors tous avaient compris,
« tous trépignaient de joie et d'aise,
« tous écoutaient, dévoraient avide-

« ment les paroles solennelles qui sor-
« taient de la bouche sacrée du bien-
« aimé Pontife, expliquant d'abord le
« sens naturel, puis le sens particulier
« et fort légitime de ces mots appli-
« qués à la circonstance présente.
« Bientôt le grand mot est prononcé,
« la parole attendue depuis bien des
« années a été dite : *Saint-Pierre es
« érigé en paroisse.* Tous les cœurs, com-
« primés jusque-là, éclatent subitement.
« Les sentiments, jusqu'alors obligés
« de s'ignorer presque ou de se taire,
« font explosion ; dans le délire de sa
« joie, on oublie qu'on est dans une
« église, on crie de toutes parts : Vive
« Monseigneur ! vive Monseigneur ! et
« tout le monde bat des mains. Loin
« de paraître mécontent de cette mar-
« que de joie fort inusitée sans doute,

« mais bien naturelle en pareille cir-
« constance, Monseigneur en parut vi-
« vement impressionné et tout heu-
« reux. C'est alors qu'il déroula lente-
« ment le papier où était écrite son
« ordonnance, dont lui-même fit la
« lecture. Après avoir dit ses raisons
« d'agir et prouvé son droit basé sur
« les saints canons et notamment sur le
« concile de Trente ; après avoir parlé
« des vœux des marins, des désirs des
« magistrats, et constaté que le clergé
« paroissial avait fait son devoir, dans
« un premier article il érige l'église de
« Saint-Pierre en église paroissiale, et
« ordonne que dès ce jour les bapté-
« mes, mariages, enterrements, office
« complet, etc., se feront dans cette
« église ; par un autre article il donne
« pour desservir cette nouvelle pa-

« roisse, M. l'abbé Sergeant, ex-aumô-
« nier de l'hospice. Alors une matelotte
« donna le signal en criant : Merci, Mon-
« seigneur ! et tous de battre des mains
« et de répéter le même cri... Après
« avoir lu son ordonnance, Monsei-
« gueur se livra à toute l'effusion de sa
« tendresse pour ses chers marins de
« Boulogne : il les appelait ses enfants,
« il les suppliait de l'aimer et surtout
« d'aimer bien le bon Dieu, et d'obser-
« ver ses lois, qu'il leur rappelait en
« peu de mots ; on pleurait, on tressail-
« lait de joie et de bonheur ; on ne se
« sentait plus d'aise ; on remerciait
« Dieu du fond du cœur. Monseigneur
« répondit aux dernières acclamations
« par une bénédiction solennelle du
« haut de la chaire, bientôt suivie de
« celle du saint Sacrement. »

On voit par ce récit fidèle quelle satisfaction c'était pour cette population d'être érigée en paroisse et d'avoir à la tête leur bien-aimé M. Sergeant. Il obtint pour le seconder deux vicaires qu'il désigna lui-même ; il en aurait voulu davantage ; il disait avec regret à Monseigneur : Il y a du pain pour trois, et de l'ouvrage pour cinq.

Malgré les instances de Monseigneur, le gouvernement fut encore plus d'un an à ériger en succursale cette paroisse de dix mille âmes, et à lui en servir la modeste pension. Il fallut néanmoins de suite louer une maison pour le curé et les vicaires, afin d'y vivre en commun d'un pauvre casuel que M. Sergeant n'aurait pas osé réclamer lui-même, tant il était indulgent et facile à concéder toute remise.

Après vingt-cinq ans d'administration, il quitta donc cet hospice où il
avait fait tant de bien, où il était si
aimé des enfants, des malades et des
pauvres, si dédommagé de ses peines
par les soins empressés des bonnes
sœurs. Dans cet asile de toutes les
douleurs, sa conversation était pleine
de charmes, toujours accompagnée
d'une innocente gaieté qu'il faisait partager à toute la communauté. C'était
une juste compensation à tant de fatigues et de peines. Avec un extérieur
sévère, il avait un cœur excellent, et
un fond de gaieté intarissable. Il portait toujours à rire par le naturel de
sa pensée et la simplicité de ses ex-
pressions.

A la grande satisfaction de l'établissement, il fut nommé par le préfet

administrateur de l'hospice et même président. Il continua d'en diriger les religieuses et dut abandonner les autres communautés.

Quelle entreprise que celle d'instruire et de réformer une population tout entière! La religion seule peut donner ce courage et ce zèle à ses ministres.

M. Sergeant arrivait là comme dans une mission lointaine, ayant tout à créer; la moitié d'une église était faite, mais trop petite pour la population. Il fallait penser à faire l'autre moitié. Point d'école de garçons ni de filles dans ce quartier; c'est ce qui affligeait le plus son cœur d'apôtre, car il pensait que les plus solides consolations devaient lui venir de l'enfance; il voyait dans cet âge les espérances de la religion. Il n'avait point non plus de presbytère où il pût loger lui et ses vicaires ; pour en bâtir un il avait acheté dix mille francs un terrain qui n'est pas encore payé. Malgré ces difficultés matérielles, il comptait si fort sur la Providence, qu'il espérait que si Dieu lui laissait dix ans de vie il viendrait à bout de fonder cet établissement et de se retirer de ses embarras.

Les sollicitudes si grandes et si nombreuses de sa nouvelle paroisse n'absorbaient pas toute l'activité de son zèle, il tenait une correspondance fatigante, malgré l'extrême facilité et le talent remarquable avec lesquels il écrivait. Il devait souvent prendre sur son repos pour obliger ceux qui réclamaient ses lumières ou son influence ; car il jouissait de l'estime générale. Depuis vingt-cinq ans il avait comme la main dans toutes les bonnes œuvres du pays : point de vocation religieuse qui ne se décidât par ses conseils ou par ses soins ; c'était à lui à applanir les difficultés de famille, de fortune, ou d'exigence conventuelle. Un curé avait-il quelque embarras avec l'administration locale ? les deux parties s'en rapportaient volontiers à la décision du pacifique et intègre M. Sergeant. Dans le maniement de tant d'esprits et de tant d'affaires il n'a jamais choqué une seule personne ; il menait toutes choses à bien plutôt par la droiture de son esprit et la bonté de son cœur que par adresse et ménagement humain ; il rendait tous ces services sans aucun préjudice de ses devoirs de pasteur.

A la fin du dernier jubilé, dans l'hiver de 1852, il fut demandé par son successeur à Bayenghem pour y prêcher quinze jours à ses anciens paroissiens, qu'il n'avait jamais revus; il ne put résister à cette demande. Il choisit son temps pour aller se retremper dans on zèle de jeune apôtre; il leur parla comme un père, de douces larmes coulèrent de ses yeux, et il en fit couler à tout l'auditoire. Les plus arriérés revinrent à la religion et au bonheur : il assura n'avoir jamais eu tant de consolations et si peu de fatigues.

Cependant une vie si active et si appliquée minait sa santé sans qu'il s'en aperçût. Il regardait au commencement sa maladie comme une courte indisposition, et il faisait partager cette opinion à ses amis. On demanda de

suite des médecins instruits, expérimen-
tés et bien dévoués au malade, car
c'étaient quatre de ses amis. Ils espérè-
rent d'abord le conserver; ils lui don-
nèrent tous les soins, jusqu'à coucher
chez lui, en cas d'accident pendant la
nuit. Tout fut inutile, il avait le foie
attaqué et plus d'à moitié gâté; il rendait de temps en temps du sang, car
tout se rompait et se détériorait dans
son intérieur. Il demanda de bonne
heure lui-même les derniers sacre-
ments, le 23 février; ce fut le plus an-
cien et le plus intime de ses amis qui
dut les lui administrer, faisant violence
aux émotions de son cœur pour com-
primer sa douleur et ne pas fondre en
larmes avec ses vicaires et la nombreuse
assistance. Il se disait et il était en effet
très-résigné à la volonté de Dieu; il

savait que sa vie était un enchaînement de difficultés et de fatigues. Cependant il portait tant d'intérêt à son œuvre de paroisse, qu'il répétait comme saint Martin sur son lit de mort : Seigneur, je ne refuse pas le travail, que votre volonté soit faite à mon égard : *Domine, non recuso laborem, fiat voluntas tua !*

On lui proposa plusieurs neuvaines, et il les fit toutes avec une grande confiance, communiant à ces intentions plusieurs fois la semaine ; il se recommandait aux prières du peu de personnes qui avaient droit de le visiter ; car il était fort faible, et toute fatigue provoquait une hémorrhagie. C'était à sa porte une procession continuelle de gens dévoués, nobles et riches, qui venaient demander des nouvelles de l'intéressant malade ; on fit des communions pour lui dans toutes les communautés, dont il était comme le père.

Monseigneur, quoiqu'en visite pour la confirmation, lui écrivit deux fois, pour lui témoigner tout l'intérêt qu'il prenait à sa situation. Dans des moments de calme, il mettait ordre à ses affaires, soit seul, soit avec un vicaire; il réglait ses comptes de différentes œuvres. Il s'intéressait continuellement à une station du carême qu'il avait procurée à son église, et il regrettait vivement de ne pouvoir partager les occupations du missionnaire jésuite.

Il entretenait souvent ses amis de l'espoir de sa guérison pour les consoler; mais c'était une illusion qu'il ne partageait pas toujours lui-même; car il fit écrire en secret à Monseigneur pour lui désigner son successeur, choix important et embarrassant que Monseigneur fut heureux de ratifier : c'est ainsi qu'à l'exemple du bon pasteur par excellence il aima les siens, qu'il laissait dans le monde, jusqu'à la fin et au delà. *Cum dilexisset suos qui erant in mundo in finem dilexit eos.* (Joan., c. 13, v. 1.)

Il voulut encore leur rendre un autre service et leur être utile sur la terre au delà du tombeau et par le tombeau, en demandant à être enterré dans un champ que la ville venait d'acheter pour en faire le cimetière des marins ; il espérait par là accélérer les démarches et triompher des lenteurs de l'administration.

Ses forces physiques diminuaient sensiblement, qu'il s'informait encore de tout ce qui se passait à l'église au sujet de la mission ; il conserva ses facultés morales jusqu'à la fin. Il fit à Dieu pour la dernière fois le sacrifice de sa vie, et lui remit sa belle âme le jeudi soir 6 avril 1854, à l'âge d'environ 57 ans. Si son humilité ne l'en avait empêché, et si la justice de Dieu n'était si redoutable, il aurait pu dire comme l'apôtre saint Paul à la fin de sa carrière : J'ai bien combattu, j'ai achevé ma course, j'ai gardé la foi, il ne me reste plus qu'à recevoir la couronne de justice que me réserve le Seigneur, comme un juste juge. *Bonum certamen certavi, cursum consummavi, fidem servavi; in reliquo reposita est mihi corona justitiæ quam reddet mihi justus judex.* (2 ad Tim., c. 4, v. 7.)

Quand la nouvelle de sa mort fut connue dans la population, quoiqu'on pressentît ce triste événement depuis plus d'un mois, ce fut une consternation générale. Pour satisfaire aux désirs de ses paroissiens, on l'exposa pendant trois jours sur un lit de parade, revêtu de ses insignes de chanoine et de pasteur. Sa figure n'était pas changée après une si cruelle maladie. La foule apportait des objets de piété qu'on faisait toucher à ses mains et qu'on remportait chez soi, comme de précieux souvenirs; le dimanche surtout, ce fut une suite sans interruption.

L'enterrement se fit le lundi, avec toute la pompe possible dans cette localité. Les rues étaient encombrées de monde. Il n'y eut qu'un bien petit nombre de fidèles, vu la foule, qui put pénétrer dans l'enceinte de l'église; les riches et les pauvres, il les avait tous également obligés, se trouvaient à ce rendez-vous de l'attachement et de la reconnaissance. La tristesse était peinte sur tous les visages, les larmes étaient dans tous les yeux; les frères des écoles chrétiennes, les religieuses de l'hospice, ses filles aînées; les enfants de l'établisement, les sœurs de Bon-Secours, qui l'avaient si bien soigné pendant sa douloureuse maladie, toutes les communautés y avaient leurs représentants. Les marins décorés de la Légion d'honneur avaient revendiqué la gloire de porter eux-mêmes leur bien-aimé pasteur à sa dernière demeure, dans ce nouveau cimetière qu'il voulait inaugurer pour eux. M. le doyen de Saint-Nicolas a chanté le service funèbre avec accompagnement de musique en faux bourdon ; et Monseigneur Blancard de la Motte, prélat romain, son honorable ami, a présidé le convoi et fait la bénédiction du tombeau. On a compté plus de cinquante prêtres revêtus de rochets. Tout s'est passé dans le plus grand ordre, la foule muette s'échelonnait à droite et à gauche dans le long parcours jusqu'au cimetière, et priait respectueusement pour le défunt. Il paraissait que la moitié de Boulogne assistait à cet enterrement.

On se propose d'ouvrir une souscription pour lui élever un monument digne des services qu'il a rendus et de l'affection qu'on lui porte.

Que de bonnes œuvres interrompues, que de travaux suspendus ! *Opera pendent interrupta*. Si, comme on le dit dans le monde, une des conditions de la gloire est de mourir à temps, il faut convenir qu'il a quitté cette terre au moment où il paraissait y être plus utile et même plus nécessaire, si toutefois on peut employer ce mot ; car, selon que nous l'enseigne la sainte écriture, Dieu n'a pas besoin des secours humains ; il ne manque de personne, puisque c'est lui-même qui donne à tous la vie, l'inspiration et le pouvoir : *Deus non manibus humanis colitur, indigens aliquo, cum ipse det omnibus vitam et inspirationem, et omnia.* (Act. apost., c. 17, v. 25.)

Dieu suscitera quand il lui plaira un autre homme puissant en paroles et en œuvres. En attendant, il est bien permis de regretter celui qui vient de nous être enlevé, par une mort si prématurée ; car, comme l'observait Monseigneur en parlant aux séminaristes de la double perte de M. Liévin, professeur de théologie, et de M. Sergeant : Ce n'est pas là un malheur ordinaire, c'est une calamité publique, et nous devons craindre que ce ne soit un châtiment de Dieu.

Il n'y a rien à dire de ses vertus chrétiennes et sacerdotales, l'ensemble de sa vie prouve que c'était vraiment un bon prêtre selon le cœur de Dieu ; exact à tous ses devoirs, il se les rappelait souvent dans la méditation. Il se procurait autant que possible chaque année le bien d'une retraite de quelques jours, qu'il fit quelquefois même à Amiens, chez les Jésuites. Il recommandait à la sainte Vierge toutes ses entreprises. Nous terminerons cette notice en disant qu'il n'avait rien à lui. Il était plein de confiance dans cette parole du divin Maître : Donnez et on vous donnera. *Date et dabitur vobis.* (Luc., c. 6, v. 38.)

On lui fit quelquefois des cadeaux selon l'importance des services qu'il rendait ; il les donnait à ses amis et plus souvent il les plaçait à quelques loteries, fondées pour des bonnes œuvres : tabatières d'or et d'argent, montres précieuses, cafetières d'argent, flambeaux, vases, tableaux, tout était consacré à quelque saint usage, à ce point qu'à sa mort on ne trouva rien dans son modeste mobilier pour reconnaître, par un souvenir de quelque valeur, les soins généreux de ses dévoués médecins. Sa bibliothèque, composée d'ouvrages ordinaires et de première nécessité, et ses couverts d'argent furent cédés pour payer ses dettes courantes. Les dettes bien plus importantes de l'église seront absorbées par ses propres ressources. Quelle honorable, quelle édifiante pauvreté! comme il a pratiqué ce précepte du divin Législateur : Amassez-vous des trésors dans le ciel : *Thesaurizate vobis, thesauros in cœlo.* (Matth., c. 6, v. 20.)

Prions cependant pour lui, car, comme il en manifestait souvent la sainte frayeur, il a un grand compte à rendre à celui qui juge les justices mêmes, et qui ne permet pas que rien de tant soit peu souillé entre dans le ciel.

Espérons que ses longues souffrances, endurées avec tant de résignation, lui seront méritoires, aimons à croire que

Dieu, selon sa parole, sera indulgent pour celui qui a été si indulgent pour les autres : *Beati misericordes quoniam ipsi misericordiam consequentur.* (Matth., c. 5, v. 7.)

Il est mort victime de son dévouement et de son zèle, comme il l'avait annoncé, en répondant à Monseigneur dans la cérémonie de son installation à Saint-Pierre : Pour ce qui est de moi, je donnerai très-volontiers tout ce que j'ai, et je me donnerai encore moi-même pour le salut de vos âmes : *Ego libentissime impendam, et super impendar ipse pro animabus vestris.* (2 ad Cor., c. 12, v. 15.)

Ce texte de son discours pourrait être gravé sur sa tombe, il a été fidèle à sa promesse ; que le Seigneur se souvienne de tout son sacrifice et de l'oblation qu'il a faite si généreusement de lui-même! *Dominus memor sit omnis sacrificii tui et holocaustum tuum pingue fiat!* (Ps. 19, v. 3.)

AMEN!

BLAQUART,

Curé de Wierre-Effroy.